Quiero ser camionero

QUIERO SER

Camionero

DAN LIEBMAN

FIREFLY BOOKS

A FIREFLY BOOK

Editado por Firefly Books Ltd., 2001

Primera impresión

Cataloguing in Publication Data available.

Liebman, Daniel
    Quiero ser camionero

ISBN 1-55209-576-2 (cubierta rígida)
ISBN 1-55209-574-6 (cubierta flexible)

Editado en Canadá en 2001 por
Firefly Books Ltd.
3680 Victoria Park Avenue
Willowdale, Ontario, Canada
M2H 3K1

Editado en los Estados Unidos. en 2001 por
Firefly Books (U.S.) Inc.
P.O. Box 1338, Ellicott Station
Buffalo, New York, USA
14205

Photo Credits

© First Light/W. Hodges, front cover
© Bette S. Garber/Highway Images, pp. 5, 6, 16-19, 22-24
© Masterfile/Dale Wilson, p. 7, back cover
© Masterfile/Roy Ooms, pp. 8-9
© Masterfile/Mark Tomalty, p. 10

©Chuck Keeler, Jr./The Stock Market, p. 11
© CORBIS/Walter Hodges, p. 12
© Sherman Hines/Masterfile, p. 13
© Lloyd Sutton/Masterfile, p. 14-15
© Al Harvey, p. 20
© Andrew McKim/Masterfile, p. 21

Diseño gráfico por Interrobang Graphic Design Inc.
Impreso y encuadernado en Canadá por Friesens, Altona, Manitoba

*Los editores agradecen la asistencia financiera del Gobierno de Canadá para sus actividades
de edición, a través del Programa de Ayuda para el Desarrollo de la Industria de la Edición.*

Ser camionero no sólo significa manejar. También es necesario controlar el combustible y cuidar tu camión.

Los camiones grandes se llaman: camiones remolque. El chofer se sienta en la cabina del camión que arrastra un remolque muy pesado.

Este camionero está orgulloso de su tanque remolque brillante. Los tanques remolque se usan para transportar leche y otros líquidos.

Para cargar troncos sobre un camión se utiliza una grúa. El camionero llevará los troncos a una fábrica.

Una vez que ha vaciado su volquete, regresará para recoger otra carga.

Algunos camioneros manejan de noche, en lugar de hacerlo durante el día.

Los camioneros deben estar preparados a manejar sobre mucha nieve en el invierno.

Si ocurre un accidente, los camioneros usan sus radios de banda pública y teléfonos para pedir auxilio.

Una de las tareas importantes de los camioneros es llevar registros.

Otra de las tareas es hacer pesar el camión frecuentemente. Después de pesarlo, el camionero puede comer en su restaurante preferido.

Estos esposos manejan el camión. Al terminar el día, se preparan la comida en la cabina del camión.

Todas las personas necesitan una buena noche de descanso. El camión es el hogar del camionero durante el viaje.

A este camionero le gusta viajar con su mejor amigo.

Los camioneros recogen la carga en lugares interesantes. Este chofer recoge la carga en un astillero.

Empieza un nuevo día. ¡Es hora de ponerse nuevamente en camino!

es disfrutan de su trabajo y se sienten orgullosos de sus vehiculos. A veces, los camioneros adornan sus camiones y hacen alarde de ello.